● 撰　稿：
张　迪　沈蓓蕾　杨春晖　陈　雷　唐旭东　曹　阳
魏诗棋　郑士明　高　雪　曹明子　陈禹行

● 插图绘制：
雨孩子　肖猷洪　郑作鹏　王茜茜　郭　黎　任　嘉
陈　威　程　石　刘　瑶　鲁　强　潘改利　张　颖
宋晓艳　苏光辉　王　伟　姚延龙　王　剑　王秀琴
陈世磊　王　博　曹慧敏

● 装帧设计：
李　猛　张　冰　高晓雨　高银和　吴玉芳

主　编：蒙　曼
副主编：张　迪

了/不/起/的/中/华/文/明

你好，戏曲！

化学工业出版社

·北京·

图书在版编目(CIP)数据

了不起的中华文明. 你好，戏曲！/蒙曼主编. —北京：化学工业出版社，2018.6 (2018.9重印)
ISBN 978-7-122-32070-4

Ⅰ.①了… Ⅱ.①蒙… Ⅲ.①中华文化-少儿读物②戏曲-中国-少儿读物 Ⅳ.①K203-49②J82-49

中国版本图书馆CIP数据核字（2018）第086929号

了/不/起/的/中/华/文/明
LIAOBUQI DE ZHONGHUA WENMING

你好，戏曲！
NIHAO XIQU

责任编辑：潘英丽 刘晓婷	主　编：蒙曼
责任校对：宋 夏	副主编：张迪

出版发行：化学工业出版社（北京市东城区青年湖南街13号　邮政编码100011）
印　　装：北京尚唐印刷包装有限公司
889mm×1194mm　1/16　印张 2¼　2018年9月北京第1版第3次印刷
购书咨询：010-64518888　（传真：010-64519686）　售后服务：010-64518899
网　　址：http://www.cip.com.cn
凡购买本书，如有缺损质量问题，本社销售中心负责调换。

定　　价：35.00元　　　　　　　　　　　　　　　　版权所有　违者必究

目录

前言：让中华文化亲切可爱 / 二

导言 / 五

戏曲从哪里来？/ 六

汉乐舞：民间乐舞角抵戏 / 八

唐教坊：朝廷也管民间歌舞 / 十

宋百戏：盛况空前的说唱艺术 / 十二

元杂剧：一曲唱尽天下事 / 十四

什样杂耍：无所不能的艺人 / 十六

相声：说学逗唱，人生百态 / 十八

昆曲：寂寂空谷散幽香 / 二十

秦腔：乱弹『梆子腔』/ 二十二

京剧：二百年梨园流芳 / 二十四

越剧：才子佳人的东方歌剧 / 二十六

黄梅戏：快人快语唱花腔 / 二十八

评剧：世俗的『烟火气』/ 三十

川剧：别样脸谱画人生 / 三十二

豫剧：大气磅礴靠山吼 / 三十四

让中华文化亲切可爱

中华文明的悠久不须讲，上下五千年；中华文明的影响不须讲，从古代到如今；中华文明的传播范围不须讲，从中国到海外。

但现在的小朋友对中华文明的理解有多深呢？

很多家长担心孩子古典文化方面缺失，便找来《三字经》《百家姓》《弟子规》一类蒙学读物来读，或者给孩子报名一些国学班，希望孩子能够加强传统文化的修养。这样做当然也没错，但是却有一个巨大的问题——不成系统。孩子们东鳞西爪地学了好多碎片化的知识，却并不知道它们彼此之间的关系，这正是我们这套书想要解决的问题。

《了不起的中华文明》系列，全套共三十本，计划分三季推出。这三十个分册，每一本都是一个文化扩展点，每本书中，都涉及一个广泛奥秘的知识领域。

这套书带给孩子的，是好玩好读的古典文化，不枯燥、不背诵、不说教，像长辈胡子里的故事一样，耐心地慢慢走进小朋友心里。

这三十本书里有的，不只是《三字经》等蒙学经典，也不只是《西游记》等名著故事，更不只是《唐诗三百首》等诵读篇目，而是娓娓道来的从古至今：天文、历法、节气、节日、文学、艺术、神话、姓名、棋牌、戏曲、皇权、器物、手艺、丝绸、建筑、园林……是的，你可以看到，我们打开的是一个立体浑圆的文明世界，就像一个星球，不只是一个闪光的亮点，它是立体的，有核心、有实体、有高山、有海洋、有大气、有光芒。

这套书所做的，绝不仅仅是将内容塞给孩子，而是包含着大量思考后的引导。就让思考和怀疑成为孩子阅读习惯的一部分吧！

对中华文明的敬畏，是我编撰这套丛书的初衷。

当然，还有更多的考量：

我从来不愿讲大道理，尤其是跟孩子讲大道理。可道理总是存在的。不讲大道理，怎么讲道理？把正确的事儿，用好玩儿的语言讲出来，讲得别人愿意听，还愿意接受，这就是会讲道理。

我认为最好的作品，不靠浮华美丽的词语吸引眼球，而是用平实的内容沁人心脾。

我不认为传统文化中的一切都是精华，我甚至很反对其中的一些观点，但同时我也确信，传统文化中有很多正义的、醉人的、美丽的东西，是需要小朋友了解，并可以使他们受益终身的。

所以在这套书中，我力求做到的是让小朋友阅读之后，哪怕是最抽象的内容，也能喜欢去读，读过还能够理解，并有意识做出判断，在日后的成长中，会主动思考问题，修正自己的行为。

导 言

"拉大锯,扯大锯。姥姥家,唱大戏。"这个"唱大戏"指的就是"戏曲",我国传统的戏剧形式。"唱大戏"热闹极了,戏曲演员们画着花花绿绿的脸谱,穿着层层叠叠的戏服,锣鼓一响,水袖一甩,"大戏"就开场了。

"曲艺"是"戏曲"的双胞胎兄弟,包括大鼓、琴书、弹词、评话、相声、快板等多种说和唱的艺术。"戏曲"和"曲艺"是我国传统艺术的精华,一代代流传到了今天。

"戏曲"是通过演员的歌唱和舞蹈来演故事。一段段曲折跌宕的故事通过演员的眼神、手势、步伐、唱腔、舞姿,在舞台和布景的衬托下,淋漓尽致地表演出来。这需要演员有非常厉害的本领,掌握很多种技能,才能将故事演得活灵活现,让观众的情绪随着故事变化而改变。

"曲艺"主要通过婉转的唱腔或语言表述来打动观众,虽然场景和布置没有"戏曲"丰富,但贴近观众的娓(wěi)娓道来一样动人心弦。

戏曲从哪里来？

原始歌舞

在远古时代，先民们披着兽皮，敲打着石头载歌载舞，最原始的歌舞诞生了。当他们祭祀（jì sì）神明和先祖时，负责祈祷的人一边跳舞一边念祝词，祈求风调雨顺、粮食丰收、人口增长、战争胜利等，这种舞蹈与唱词的组合就是原始戏曲的雏（chú）形。

俳优表演

被当作小丑的俳优

到了夏朝末年，俳（pái）优出现了。他们是一群表演滑稽（jī）戏、杂技等技艺的艺人。他们会很多表演手段，甚至为帝王服务，游走在宫廷和民间。

戏剧活化石

傩戏

商朝和周朝时期举行的祭祀大典，被称为"大傩（nuó）"。"大傩"一年举行三次，祈祷能够驱逐瘟疫（wēn yì），躲避邪祟（suì）。"大傩"仪式上有乐器伴奏，还有舞蹈，这种舞蹈叫"傩舞"。人们戴上面具，穿上特殊的服装，拿着各种器具，表演驱赶妖魔鬼怪的故事，叫"傩戏"。

"大傩"在商周时期是非常隆重的官方祭典。汉唐时期，宫廷依然会举行驱傩仪式。直到宋朝和明朝仍然有驱傩的记载。如今作为最古老的文化之一，傩戏成为国家非物质文化遗产，被称为"戏剧活化石"。

面具

"颂"与"九歌"

《诗经》里的"颂"和《楚辞》里的"九歌",都是祭祀时配合舞蹈表演的唱词。在端庄悠扬的乐曲声中,舞蹈表演者配合乐曲翩(piān)翩起舞,负责祭典的官员唱出祝祷词。

面具

面具俗称"脸子",是傩戏非常重要的道具。

表演傩戏的人戴上各种各样的彩绘面具,边唱边跳,叫作"跳傩"。

来自远古的戏曲

中国的戏曲和曲艺,吸收了这些原始歌舞、祭祀和表演的各种特点,逐渐开始萌芽。在之后的数千年岁月里,戏曲和曲艺一直吸收各家所长,最后成为包括文学、音乐、美术、舞蹈、武术、杂技和表演等艺术在内的文化种类。

提问 原始社会时期就有歌舞,你觉得这说明了什么?

大傩

汉乐舞：民间乐舞角抵戏

到了汉朝，国力富足，百姓得以休养生息，"百戏"开始流行。"百戏"源于秦时，不只有戏曲，还包括乐舞和杂技表演，是各种艺术的综合。乐舞和百戏吸收彼此的优点，内容越来越丰富，场面非常壮观。不但百姓们爱看"百戏"，皇帝和大臣们也爱看"百戏"。《汉书·武帝纪》中有："三年春，作角抵戏，三百里内皆观。" 是说在汉武帝元封三年春，京城举行角抵（百戏的一种）表演，吸引了方圆三百里的百姓前来观看。

☯ 汉乐府

汉朝有个叫"乐府"的机构，派出官员到各地搜集乐曲民谣，并且培训专业的乐舞演员进行演出。乐府既搜集整理民间"俗乐舞"，也创作宫廷"雅乐舞"，朝廷常举办盛大的乐舞演出。

☯ 长袖舞

艺人们穿着细腰长袖的衣服，挥动长长的衣袖，旋转身体，跳跃舞蹈。

☯ 盘鼓舞

汉代著名舞蹈，也是"百戏"之一。表演的时候，地面上摆着盘子或鼓，跳舞的艺人穿着长袖衣裙，在盘、鼓上或周围踩着节拍跳舞。

提问： 为什么百戏杂耍能得到上至天子，下至平民的广泛喜爱？

长袖舞

角抵戏

杂技

角抵戏
角抵戏不只是单纯的角力比武，还有故事情节和配乐，在当时非常受欢迎。

象人戏
艺人扮演动物和各种神仙人物，演出游戏和舞蹈。

魔术
那时的魔术内容多数与仙境、神仙、珍禽异兽有关。

杂技
抛接小球小剑、倒立、吞刀、吐火、举重、转圈、爬竿等。

承上启下
汉朝多姿多彩的乐舞百戏，继承了夏朝以来的传统，又开启了汉朝之后各个朝代的表演艺术。直到今天，我们的歌舞、戏曲和杂技，都有汉朝乐舞百戏的影子。

提问：汉朝开国皇帝、大老粗刘邦也写歌词，也爱唱歌。你爱不爱唱歌？你觉得歌曲带给人们哪些感受？

唐教坊：朝廷也管民间歌舞

　　唐朝是一个强盛而开放的朝代，各国文化通过西域传入中原。唐朝的乐曲、歌舞、戏剧深受西域各国和印度的影响，不断演变。与此同时，开放的大唐也把自己独特的文化传播到日本、朝鲜半岛等地。

　　唐朝歌舞戏种类很多，表演生动，为后来的宋元杂剧打下了深厚的基础。

"雅"与"俗"

太常雅乐： 唐朝初年，皇帝命令管理礼乐的太常寺官员整理乐曲，制成曲谱，这些音乐叫作太常雅乐，主要是祭祀、朝会时使用的宫廷音乐。

教坊俗乐： 唐高祖设立了教坊，教导艺人们学习民间乐曲和歌舞，在宫廷的宴会上表演。因为教坊的乐舞来自民间，所以叫俗乐。

参军戏

　　"参军"是汉朝官名，到唐宋时期成了戏剧角色的名称。参军戏在唐朝非常流行，连小孩子都会表演，是一种以滑稽问答为主要内容的戏剧，由俳优滑稽表演发展而来。

异国特色的舞蹈

梨园

唐玄宗很擅长音乐,所以挑选出一些艺人,教他们乐器演奏,地点就在梨园。从此以后,戏曲班子就被惯称为"梨园"。

踏摇娘

踏摇娘

"踏摇娘"是唐朝著名歌舞戏之一,讲一个姓苏的人经常酒后殴打妻子,妻子向邻里乡亲哭诉的故事,因为女主人公诉苦的时候不断摇动身体,所以叫作"踏摇娘"。戏中既有滑稽表演,也有舞蹈和角抵,非常受百姓的喜爱。

歌舞戏

唐朝歌舞戏有简单的故事情节,有鲜明的人物形象,已经有了戏曲的雏形。唐朝的乐器演奏水平也有了很大的提高,艺人们除了使用古琴等传统管弦乐器,还加入了很多国外传入的乐器。

唐代乐队

 提问 你觉得将传统民间艺术和异国引进的艺术融合在一起好不好?

宋百戏：盛况空前的说唱艺术

到了宋朝，瓦舍出现了。瓦舍是百姓娱乐的场所，其中最大的演出场地甚至能容纳数千名观众，就好像现在的大剧院。有了固定的演出场地，艺人们在瓦舍中表演说书、讲史、歌舞戏、角抵、杂技、皮影戏、傀儡（kuǐ lěi）戏等节目，形成了大大小小的专业剧团，古时候称作"戏班"。

轻松搞笑宋杂剧

宋杂剧是在唐朝参军戏和歌舞戏的基础上，加入其他表演技巧形成的戏剧形式。宋杂剧的表演以滑稽搞笑为主，主角大多是普通人，对一些丑恶的现象进行了无情的嘲讽。

宋杂剧的发展标志着中国戏剧正逐渐走向成熟。

你能在今天看到这里的哪些艺术形式？

傀儡戏与皮影戏

傀儡戏：也叫木偶戏，出现于汉朝，在宋朝十分盛行。像提线木偶和布袋戏，在今天我们仍然能够看到。表演者搭好简单的舞台，操纵木偶演出有趣的故事，非常受百姓的欢迎。

皮影戏：表演者用灯光把皮制人偶的影子投在白色幕布上，再操作人偶表演。驴皮、羊皮或者其他动物的皮都可以做人偶。现在的河北、山西、陕西等很多地方，仍然能够欣赏到皮影戏。

说唱戏

唐朝在寺院里说唱佛经故事，延续到宋朝演变为说唱戏。艺人们配合乐曲说唱故事，有些侧重于说，有些侧重于唱。侧重说的表演类似于今天的相声艺术，而侧重唱的表演类似于今天的鼓曲、清唱等艺术。有瓦舍的地方，就有说唱艺人。

宋朝编剧

有了戏院和戏班，就需要有人编写剧本，进行故事创作，"书会先生"就是这样的剧本作者。他们是一群有才能却地位不高、比较贫困的读书人，以编写剧本作为职业，不但能养活自己，还能获得名气。

诸宫调

诸宫调以说唱为主，用琵琶伴奏，各种曲调轮番使用，所以被称为诸宫调。诸宫调对此后元杂剧的形成起到了重要作用。

四折

元杂剧：一曲唱尽天下事

元杂剧的剧本结构是四折一楔（xiē）子，演出一部完整的故事。

楔子可以用来开场，也可以用来串场，是交代故事的背景缘由或者起承接作用的。

四折就是四幕，是戏剧故事的四个比较大的段落，由四套曲子组成。我们背诵的元曲都有曲牌名写在前面，比如"天净沙""念奴娇"，它们构成了元剧最小的单元。剧本比较长的时候，元杂剧也会有五个或六个"折"。

元杂剧代表作

四大悲剧：《窦（dòu）娥冤》，作者关汉卿；《梧桐雨》，作者白朴；《汉宫秋》，作者马致远；《赵氏孤儿》，作者纪君祥。

四大爱情剧：《拜月亭》，作者关汉卿；《西厢记》，作者王实甫；《墙头马上》，作者白朴；《倩女离魂》，作者郑光祖。

 你读过元曲吗？找来一首试着背诵其中段落。

北杂剧

元杂剧又被人们称作"北杂剧",因为它的曲调以北方乐曲为主。元杂剧主线清晰,人物个性非常鲜明,反映了元朝百姓的生活,歌颂美好的品德,揭露丑恶的事物,是中国戏曲史上非常辉煌的一段篇章。

南戏文

与北杂剧相对的,就是南戏文。在元朝东南沿海地区,流行以沿海地带民间小曲和中原乐曲结合的南戏。南戏文与北杂剧除了曲调、语言不同,主要表演内容也不同。北杂剧的剧目题材广泛,反映元朝社会生活,而南戏文多演出与爱情、婚姻、家庭有关的剧目。

元曲四大家

关汉卿、郑光祖、白朴和马致远被称为"元曲四大家",他们的剧本都曾轰动一时。

旦末净杂

元杂剧的角色主要分为旦、末、净、杂四种。旦角指女演员,正旦就是女主角;末角指男演员,正末是男主角;净角是性格暴躁刚烈的男演员;杂角是除了旦、末、净之外的其他演员,如扮演皇帝、老妇人、读书人等角色的演员。

什样杂耍：无所不能的艺人

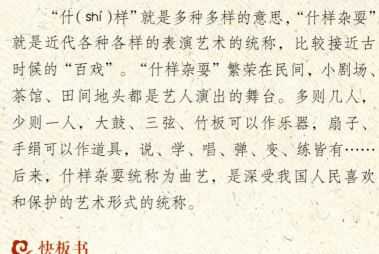

"什(shí)样"就是多种多样的意思，"什样杂耍"就是近代各种各样的表演艺术的统称，比较接近古时候的"百戏"。"什样杂耍"繁荣在民间，小剧场、茶馆、田间地头都是艺人演出的舞台。多则几人，少则一人，大鼓、三弦、竹板可以作乐器，扇子、手绢可以作道具，说、学、唱、弹、变、练皆有……后来，什样杂耍统称为曲艺，是深受我国人民喜欢和保护的艺术形式的统称。

快板书

快板书中的板，就是拿在手里的大小竹板，艺人打耍得非常纯熟。表演的时候表演者用竹板打出节奏，说出唱词，听起来非常流畅。

二人转

二人转是东北地方戏，到现在仍很火爆。田间地头，一把扇子、一块手绢，两人即可成戏。二人转十分具有东北特色，嬉笑怒骂，爽快泼辣。

提问 你最喜欢哪种曲艺形式？你的家乡有哪种特色曲艺表演？

❧ 大鼓书

大鼓书说唱兼有，表演者一手敲鼓，一手打竹板，伴着鼓和竹板打出的节奏，表演者讲一段历史故事、武侠传奇，十分精彩。现在比较出名的大鼓有山东大鼓、西河大鼓、豫东大鼓等。

❧ 弹词

弹词的形式非常简单，两个人，两件乐器，既说又唱，内涵却很丰富。弹词流行于中国南方，具有南方曲艺温婉优美的特点。

❧ 数来宝

数来宝就是顺口溜，台词都是艺人自己创作的，节奏感强，还讲究押韵，能讲故事，能说笑话，非常好玩儿。

群口相声

相声：说学逗唱，人生百态

很多小朋友都爱听相声，台上两个人说的对口相声最常见，几句话不到，就能逗得大家哈哈大笑。相声起源于京津冀（jì，河北省简称），兴盛于明清两朝，现在已经普及到全国乃至海外。

相声来源于民间，也最受普通百姓欢迎，给平淡清苦的生活带来了不少欢乐。

相声道具

一桌，一位相声演员站后面；一块惊堂木，集中观众注意力；折扇两把，表演时可当笔，可当刀剑；手绢一块，演员扮相的道具；竹板御子，唱太平歌词时用来伴奏。

对口相声

相声的形式

一个人表演的叫单口相声；两个人说的叫对口相声；三个或三个人以上表演的相声叫群口相声。

四门功课

相声表演者需要练四项基本功——"说""学""逗""唱"。

说

讲个故事，说个笑话，开场来段定场诗，猜个灯谜，来一长段贯口……靠说话来吸引观众的技巧就是"说"。

学

这里的学就是模仿。学动物叫，学方言，学买卖吆喝，唱段通俗歌曲，都叫"学"。

逗

表演时通过逗哏（gén）、捧哏制造笑料，让观众开心，哈哈一笑，就是"逗"。

唱

专指唱"太平歌词"，是相声艺人独有的"唱"的技巧。

你观赏过相声吗？最喜欢哪位相声大师的表演呢？能模仿一下吗？

昆曲《牡丹亭》

昆曲：寂寂空谷散幽香

作为中国最古老和最有影响力的戏剧曲种之一，昆曲是中国传统戏剧中的珍品，被称作"百戏之祖"。昆曲的发展见证了明清社会经济的繁荣和戏剧艺术的演变，因此，昆曲也被称为"盛世元音"。

昆曲的特点

昆曲的技巧很难掌握，需要磨炼多年才能表演。昆曲表演的最大特点就是抒情性强，动作细腻，歌唱与舞蹈身段相结合，既抒情优美，又能表达角色内心。昆曲唱词优美典雅，曲调缠绵婉转，对演员的唱腔和表演有严格的要求，即四定：定调、定腔、定板、定谱。

☯ "非遗"精品

昆曲曲高和寡（guǎ），常有老辈人说，听昆曲得抱着书箱子去，意思是昆曲里面句句是学问。渐渐地，昆曲没有那么多人听得懂，也就门庭冷落了。2001年的时候昆曲被联合国教科文组织命名为"人类口述遗产和非物质遗产代表作"，受到全世界范围的珍视和保护。

☯ 昆曲行当

昆曲以生、旦、净、末、丑、外、贴七行为基础角色，又增设了小生、小旦、小末、小外、小净五行，共十二行，基本保持了"江湖十二角色"的体制。昆曲演出有十大庭柱，就是十类主要演员，他们是净、官生、巾生、老生、末、正旦、五旦、六旦、副、丑，有了他们，就可以演出完整的昆曲剧目了。

☯ 精致的戏服

昆曲的演出服装非常精美漂亮，演员有各自不同的脸谱，女角色会穿着十分流行的华服，官员还会按品级有不同的穿戴，整个舞台华丽缤纷，色彩丰富。

 我们为什么要保护昆曲？

秦腔《下河东》

文小生扮相

秦腔：乱弹"梆子腔"

秦腔也叫乱弹，还叫梆（bāng）子腔，是流行于中国西北地区的古老剧种，是各类梆子戏的鼻祖。

梆子是一种枣木制的打击器，在秦腔里，梆子用来强调节拍和烘托氛围。

◯ 唱腔

秦腔粗犷（guǎng）豪放，"唱戏吼起来"，胆子小的可听不了。秦腔分为"欢音"和"苦音"两种唱腔，"欢音"明朗欢快，"苦音"悲壮高亢，体现秦腔喜怒分明、爽朗干脆的特点。

提问

梆子最早是打更报时用的，是日常生活用品，你觉得为什么一件生活用品会被当作乐器呢？你身边还有哪些生活用品可以奏乐？

秦腔脸谱

☯ 脸谱辨忠奸

秦腔脸谱样式特别多,而且勾画细腻、用色大胆、性格明朗,红忠、黑直、粉奸、金神,十分符合秦腔音乐、表演火热豪迈的风格。秦腔脸谱与京剧脸谱、川剧脸谱并称为中国三大脸谱体系。

☯ 板胡

秦腔最重要的乐器是板胡。板胡有圆圆的琴身和长长的琴杆,声音清脆响亮,充分体现秦腔的特色。

板胡

☯ 秦腔绝技

吹火: 也叫喷火,演员用力吹松香包,松香末飞到火把上,在空中燃烧腾起大团火焰。

顶灯: 演员将点燃的灯顶在头顶,然后耍出各种动作,全程灯都不灭,更不会掉下来。

打碗: 演员先扔出一只碗,再扔出另一只碗击打之前的碗,就像扔飞镖一样,让两只碗在空中撞得粉碎。

《游西湖》李慧娘吹火

顶灯

京剧《贵妃醉酒》

京剧：二百年梨园流芳

京剧脸谱

京剧是中国传统戏曲之一，至今已有将近二百年的历史。京剧，顾名思义，是在北京地区形成的戏曲剧种，兴起于清代，流传至今，被誉为国粹，列入"人类非物质文化遗产代表作名录"。

京剧脸谱是我们传统文化的代表元素。

🌀 京剧行当

生、旦、净、末、丑是京剧五大行当，就是五种角色。每个行当之中，又包含一些小的类别，划分十分严谨。

生是男演员，旦是女演员。净角一点也不净，脸是花脸，全都是油彩。末是有长长胡子的中年以上男角色。丑是丑角，分文丑和武丑。

你会仿画京剧脸谱吗？请找来纸笔试一试。

"四功"与"五法"

唱、念、做、打是京剧表演的四种艺术手法,也是京剧表演的四项基本功,简称为"四功"。口、手、眼、身、步合称为"五法"。

俗话说:"台上一分钟,台下十年功。"优秀的京剧演员都是通过年复一年不断地练功磨砺(lì)出来的。

四功

唱: 指戏曲中的歌唱部分。
念: 念白,戏曲人物说台词。
做: 形体动作。
打: 指武打技艺。

五法

口: 唱腔通透,念白动听。
手: 京剧演员的手有特定的姿势和动作,都是为了突出人物特点设计的,表现人物的精神和气度,不会随随便便地垂放。
眼: 京剧演员的眼神非常犀利,眼睛里都是戏,"上台全凭眼,一切心中生"。
身: 起、落、进、退都讲究身法,京剧演员的身段十分重要。
步: 步法就是怎么走路,举足、迈步都有要求。就像你在队列里走过主席台要踢正步一样,京剧演员的每一步都有要求,甚至数量上都有规定。

越剧《梁山伯与祝英台》

越剧：才子佳人的东方歌剧

与庄重的京剧不同，与豪迈的秦腔相反；被称为"东方歌剧"的越剧骨子里透着的，都是江南的灵秀。越剧是中国五大戏曲之一，也被称为"第二国剧"，非常受国人喜爱。越剧起源于浙江，从上海传播到全国。

落地唱书

越剧的年纪不大，清代中晚期，一种曲艺形式"落地唱书"在浙江开创，当时只是农村的草台班子，演员也都是业余的农民。一直到民国时期，"落地唱书"才在上海落脚并得到发展，上海的娱乐报纸也开始用"越剧"来称呼这种新流行的戏曲形式，越剧正式走上了历史舞台，直到如今。

你喜欢帝王将相的传奇，还是小人物的生活故事呢？

《玉堂春》中小生

《红楼梦》中老生

❧ 越剧名戏

《梁山伯与祝英台》《红楼梦》《西厢记》等都是越剧经典曲目，都演出了真挚的爱情。

❧ 戏剧特点

越剧是才子佳人剧，特别擅长演唱和抒情，唱腔优美动听，表演真切动人。演员一举手一投足，都十分优雅，一开口，江南腔调悠然婉转，细腻动听。

越剧唱情，或凄美或动人，有着含蓄的迟疑；越剧叙事，歌唱真情长久，演出别离之痛；越剧美裳，轻柔、淡雅、秀丽，尽显江南气质。

《钗头凤》中老旦

《红楼梦》中闺门旦

《徐九经升官记》中丑角

黄梅戏《天仙配》

黄梅戏：快人快语唱花腔

黄梅戏，也叫黄梅调、采茶戏，发源于湖北黄梅县。早在唐代，黄梅采茶戏就非常盛行，以此为基础，加入花鼓调、秧歌、山歌等元素，才最终形成了黄梅戏。黄梅戏与京剧、越剧、评剧、豫剧并称"中国五大戏曲剧种"。

从民歌中来

黄梅戏来自山间，从一个村落流行至另一个村落，从一座山翻越到另一座山。伴随着黄梅戏的脚步，跑旱船、高跷（qiāo）表演等形式也被吸纳进来，形成了"二小戏""三小戏""串戏"等多种形式。"二小戏"是一生、一旦，"三小戏"是一生、一旦、一丑角，"串戏"就是一组节目，在山间空场、村庄里弄，唱黄梅戏的民间艺人，或者就是劳动者自己，自在歌舞。黄梅戏所唱的内容，当然也来自于山野村夫，打猪草、提水、闹花灯、挖笋子，都能入戏，具有健康朴实、优美欢快的特点，是人民的劳动之歌。

黄梅戏能够发展壮大，靠的是杂取百家精华，也靠在历史变动中隐忍。你认为一个人想强大起来，应该怎样做呢？

出自《红楼梦》

出自《打猪草》

🍂 经典大戏《天仙配》

"树上的鸟儿成双对,绿水青山带笑颜……
从今不再受那奴役苦,夫妻双双把家还。"

这是黄梅戏《天仙配》中的唱段,在我国广为流传。

《天仙配》讲述了一段仙女与凡人之间的坚贞动人的爱情故事。七仙女爱上勤劳善良的凡间男子董永,私自下凡与他结为夫妻。玉皇大帝命令七仙女结束姻缘返回天庭,七仙女为了保护董永,只好忍痛与董永在槐荫下泣别。

故事情感真挚、催人泪下,歌颂了人性的光明,批判了强权的伪善,是黄梅戏经典代表作品。

🍂 唱腔与伴奏

黄梅戏的唱腔有主腔、花腔的区别。主腔是最重要的表现形式,既能抒情,又能讲故事;花腔以演小戏为主,或者给大戏作插曲,风格多样,很像民歌。

早期的黄梅戏由三人演奏堂鼓、钹(bó)、小锣、大锣等打击乐器,七人演唱,因此号称"三打七唱"。

出自《女驸马》

评剧《花为媒》

评剧:世俗的"烟火气"

评剧,也叫"评戏",曾被人们称为"蹦蹦戏""落(lào)子戏""唐山落子"。评剧是在河北小曲"对口莲花落"的基础上,吸收了东北民间歌舞"蹦蹦"的艺术特点,逐渐演变为蹦蹦戏,最终形成了评剧。评剧因"评"得名,评古论今,反映民间的喜怒哀乐、百姓生活。评剧演唱形式简单,唱词通俗易懂,是北方人民喜闻乐见的剧种之一,拥有十分广泛的群众基础。

出色的旦角

评剧的旦角唱腔非常出色,但是生角的唱腔却相对比较欠缺,甚至曾经一度行当不全,缺少唱腔。随着评剧的发展,经过评剧艺人不断丰富和完善,逐渐形成了生、旦、丑——"三小戏"。

🍀 经典剧目

与描写帝王将相、风云历史的大剧不同，评剧关注家长里短，充满烟火气，语言浅显直白，最为贴近普通人的生活。《花为媒》《卖油郎独占花魁（kuí）》《杨三姐告状》《卷席筒》都是评剧的经典剧目。

🍀 "四大名旦"

"刘派"刘翠霞、"白派"白玉霜、"喜派"喜彩莲、"爱派"爱莲君是20世纪初评剧的四大名旦。她们的唱腔或细腻柔和，或高亢华美，或独树一帜，或高雅清新，各有不同，各有创新，为评剧发展创造了更多可能。

🍀 人生如戏——新凤霞

新凤霞生于1927年，逝世于1998年，是"新派"评剧的创始人，也是著名评剧表演艺术家。她有许多代表作，《花为媒》中的张五可一角曼妙多姿、声音宛如天籁，成为许多观众的评剧启蒙。她还是国画大师齐白石的弟子，擅长国画，同时著书立说，出版了近四百万字的文学作品，可以说是著作等身的艺术家。

出自《卖油郎独占花魁》
出自《杜十娘》
出自《刘巧儿》
出自《卷席筒》

提问：了解了评剧四大名旦后，你觉得什么样的文艺作品能够获得民众认可并流传下去呢？

川剧：别样脸谱画人生

川剧，根植于巴蜀（shǔ），流行于全国。去四川游玩，必看川剧。就像四川美食以麻辣鲜香为主，川剧带给人的感觉也是畅快淋漓的，很早就有"蜀戏冠天下"的美名。到了清代，川剧在四川本地灯戏（也叫灯调）的基础上，广泛吸收其他地区戏剧剧种的唱腔，形成了由昆曲、高腔、皮黄（胡琴）、梆子（弹戏）、灯戏（灯调）等五种唱腔融合的独特艺术形式。川剧的脸谱，是川剧表演艺术的重要组成部分，是历代川剧艺人共同创造并传承下来的艺术瑰宝。

画脸

川剧戏服

妆容

川剧脸谱一般是演员自己来画的，所以个性非常强，变化也非常多，是演员本身对人物性格的理解和艺术水平的体现。

唱腔

四川话是中国一种很有魅力的方言，川剧以四川话演唱，语言贴近百姓生活，具有鲜明的地方特色，十分生动活泼。川剧幽默风趣，妙语连珠，嬉笑怒骂皆在戏中。高腔是川剧的主要演唱形式。

服饰

川剧的服饰非常讲究，有严格而细致的划分。演员在舞台上一亮相，单凭其身上的服饰，就可以大致猜测出角色的身份、性格等。

变脸

变脸，是川剧最著名的特技之一，看川剧必看变脸。随着剧情的转折，角色内心情绪发生变化，脸谱也应该随之变化，川剧艺人因此发明了变脸这种绝活儿。变脸像魔术一样也是内藏玄机，手法大体上分为三种："抹脸""吹脸"和"扯脸"。现在最常见、变化次数最多的就是"扯脸"。

演员把事先准备好的数张脸谱全部贴在脸上，每张脸谱上都系一把丝线，随着剧情的发展，演员在舞蹈动作的掩护下，一张一张地换脸。这是非常考验演员功力的。

川剧变脸表演

变脸演员一次表演通常要在短时间内变换很多次脸谱，你认为怎样才能保证表演的成功呢？

豫剧《花木兰》

出自《香囊记》

豫剧：大气磅礴靠山吼

豫剧诞生于河南，河南简称"豫"，所以这种戏曲形式叫豫剧。豫剧和秦腔一样，早期的伴奏乐器也是枣木梆子，所以豫剧最早叫河南梆子，也叫靠山吼。在河南梆子的基础上，豫剧吸收民歌、小调以及其他曲种的特点，不断发展、创新，最后形成了豫剧大气磅礴（páng bó）的唱腔和酣（hān）畅淋漓的表演方式。豫剧表演用力，韵味十足，塑造出的人物形象生动饱满。

出自《三哭殿》

以唱见长的豫剧

无论男女演员,演唱豫剧都是激昂奔放的。豫剧的唱腔高亢,唱词口语化,吐字清晰,易于理解。豫剧表演充满张力,非常适合演出帝王将相的大场面。总之,豫剧兼具豪迈奔放、华丽质朴的特点,非常适合演出轻松的正剧。

浓墨重彩画脸谱

豫剧唱腔夸张,脸谱也很夸张。豫剧脸谱"浓墨重彩",无论生旦净末丑,上妆一律用油彩,并且颜色鲜明浓艳。杏仁大眼,要画得很大很大;樱桃小口,要画得很小很小。各种各样的脸谱,画出了豫剧角色鲜明张扬的形象。

豫剧脸谱

豫剧行当与戏班

豫剧戏班的结构用俗语说就是"四生四旦四花脸,四兵四将四丫鬟(huán);八个场面俩箱倌,外加四个杂役",简单明了,只要有这些,就可以撑起一台戏了。

早先豫剧戏班里没有女演员,所有女性形象都由男演员扮演,直到著名豫剧表演家顾锡轩让自己的女儿和五个义女登台演出,豫剧中才终于有了女演员,为阳刚的豫剧增添了女性的柔美。

豫剧表演名家

常香玉被称为豫剧皇后,是豫剧旦角"常派"唱腔的开拓者和奠基者,代表剧目《花木兰》。

提问 你知道花木兰的故事吗?这是一个女孩子打扮成男子替父从军的故事,在古代非常了不起。花木兰的个性就像豫剧里的女子,豪迈爽利、大方勇敢。把这个故事找来读一读。